Isaac Volpe

DICCIONARIO DE SOCIOLOGIA

Palabras esenciales utilizadas con más frecuencia en sociología

Publicado por UNITEXTO

TABLA DE CONTENIDOS

Violencia

¿Por qué este libro?

En un mundo cada vez más definido por interacciones sociales complejas y rápidos cambios culturales, comprender los conceptos fundamentales de la sociología nunca ha sido más crucial. "Diccionario de Sociología: Palabras Esenciales Más Frecuentemente Usadas" sirve como un recurso vital para cualquier persona que busque navegar por el rico y variado paisaje del estudio sociológico.

Este libro fue concebido con un propósito claro: desmitificar el vocabulario básico que sustenta la disciplina de la sociología. Ya seas un estudiante que está comenzando su viaje, un educador que busca impartir conocimiento, o un profesional que aspira a mantenerse al tanto de los últimos desarrollos, este diccionario ofrece una referencia confiable y accesible.

El campo de la sociología es vasto, abarcando desde interacciones a nivel micro hasta estructuras a nivel macro. Con un alcance tan amplio, puede ser un desafío mantener un seguimiento de todos los términos y conceptos esenciales. Este libro aborda ese desafío de frente, proporcionando definiciones y explicaciones claras y concisas que mejorarán tu comprensión y facilitarán un compromiso más profundo con el tema.

Creemos que, al ofrecer esta colección completa de términos sociológicos, podemos empoderar a los lectores para que piensen críticamente sobre el mundo que les rodea. "Diccionario de Sociología" no es solo una herramienta para el aprendizaje de memoria; es una puerta de entrada para explorar las ideas que dan forma a nuestras sociedades e influyen en nuestras vidas.

Únete a nosotros en este viaje intelectual. Usa este libro como tu guía para desbloquear el lenguaje de la sociología, y deja que te inspire a explorar, cuestionar y comprender el mundo social de nuevas y profundas maneras.

Aquí tienes razones convincentes para comprar y leer este libro:

1. Comprensión Integral:

Este diccionario ofrece explicaciones detalladas de términos y conceptos sociológicos clave, asegurando que tengas un conocimiento profundo del vocabulario esencial necesario para sobresalir en el campo de la sociología.

2. Excelencia académica:

Ideal para estudiantes, este libro proporciona una base sólida en terminología sociológica, ayudándote a prepararte para exámenes, escribir trabajos perspicaces y participar con confianza en discusiones en el aula.

3. Avance profesional:

Para educadores y profesionales, mantenerse actualizado con la última terminología y tendencias es crucial. Este libro sirve como una referencia confiable que mantiene tu conocimiento actual y relevante en una disciplina que evoluciona rápidamente.

4. Aprendizaje accesible:

El formato amigable de este diccionario facilita la búsqueda y comprensión de términos, convirtiéndolo en una herramienta práctica tanto para referencia rápida como para estudio en profundidad.

5. Mejora del pensamiento crítico:

Familiarizarte con el lenguaje de la sociología te permite analizar e interpretar mejor los fenómenos sociales, llevando a una comprensión más profunda del comportamiento humano y las estructuras sociales.

6. Perspectivas ampliadas:

Explorar las definiciones y aplicaciones de términos sociológicos amplía tus horizontes intelectuales, animándote a pensar críticamente sobre el mundo social y tu lugar dentro de él.

7. Recurso invaluable:

Ya seas un principiante o un estudiante avanzado, este diccionario es un recurso invaluable que apoya tu educación continua y desarrollo profesional en sociología.

Invierte en "Diccionario de Sociología" hoy y desbloquea el poder del conocimiento sociológico. Mejora tu aprendizaje, impulsa tu éxito académico y profesional, y profundiza tu comprensión del complejo mundo social.

Isaac Volpe

Sobre el autor

Isaac Volpe: Un Intelectual en dos Mundos Entrelazados de la Historia y la Filosofía

Nacido en Lituania en 1973, Isaac Volpe ha pasado la última medio siglo en una odisea intelectual, explorando los vastos territorios de la historia y la filosofía, diseccionando sus complejidades y revelando sus intrigantes intersecciones. En el corazón de su viaje yace una persistente curiosidad y dedicación al aprendizaje, cuyas semillas fueron sembradas durante sus años formativos en Europa Oriental.

Educado inicialmente en su país natal, los talentos académicos de Isaac le impulsaron hacia el oeste hasta los prestigiosos salones de La Sorbona en París, Francia. Fue allí, bajo la tutela de renombrados académicos, donde perfeccionó sus habilidades y cultivó sus intereses en las disciplinas que darían forma a su carrera. Graduándose con distinción, demostró una impresionante comprensión de conceptos filosóficos intrincados y épocas históricas.

Las investigaciones y publicaciones posteriores de Isaac han iluminado su excepcional habilidad para arrojar nueva luz sobre temas conocidos. Destaca por su habilidad para entrelazar eventos históricos y nociones filosóficas, creando una mezcla única de investigación académica que ha desafiado constantemente los límites académicos tradicionales.

Su trabajo, caracterizado por análisis rigurosos y una prosa elocuente, muestra su amplio conocimiento de ambas disciplinas. Desde explorar el impacto del pensamiento existencialista en la Europa de posguerra hasta adentrarse en los fundamentos filosóficos del Renacimiento, Isaac ha demostrado ser un pensador y narrador dotado.

Más allá de sus logros académicos, Isaac es conocido por su naturaleza empática y su estilo de enseñanza atractivo. Su compromiso con la educación ha inspirado a innumerables estudiantes a profundizar en los reinos de la historia y la filosofía, con muchos citando su entusiasmo y amplio conocimiento como motivadores claves en sus propios viajes académicos.

Al entrar en sus 50s, Isaac Volpe sigue siendo tan curioso y apasionado como siempre. A través de sus significativas contribuciones y su continua dedicación a sus campos de interés, encarna la rara combinación de un erudito profundo y un educador apasionado. Es esta incesante curiosidad y el deleite que encuentra en compartir su conocimiento lo que hace a Isaac una inspiración para todos aquellos que cruzan su camino.

Isaac Volpe

Palabras esenciales

1. Agencia

Definición:
La agencia se refiere a la capacidad de los individuos para actuar de forma independiente y tomar sus propias decisiones libres, influenciadas por su entorno y las estructuras sociales.

Citas:

1. "La agencia es la capacidad humana de ejercer influencia sobre el propio funcionamiento y el curso de los acontecimientos mediante las propias acciones". *(Fundamentos sociales del pensamiento y la acción, Albert Bandura, 1986)*

2. "La agencia se refiere a los pensamientos y acciones tomadas por las personas que expresan su poder individual". *(La estructura de la teoría sociológica, Jonathan H. Turner, 2001)*

3. "El concepto de agencia subraya el papel del individuo en la constitución de la realidad social". *(Agencia y estructura, Anthony Giddens, 1979)*

2. Alienación

Definición:
La alienación es una condición en la que los individuos se sienten desconectados o distanciados de su trabajo, la sociedad o el sentido de sí mismos, a menudo como resultado de la falta de control, el aislamiento o la deshumanización en las relaciones y estructuras sociales.

Citas:

1. "La alienación es el proceso por el cual el trabajador se siente ajeno a los productos de su propio trabajo." *(Manuscritos económicos y filosóficos de 1844, Karl Marx, 1844)*

2. "Cuanto más se entrega el trabajador a su trabajo, más poderoso se vuelve el mundo de los objetos que crea frente a sí mismo, más pobre se vuelve en su vida interior y menos se pertenece a sí mismo". *(El lector Marx-Engels, Karl Marx, 1978)*

3. "La alienación puede describirse como una condición en la que los hombres están dominados por fuerzas de su propia creación, que los confrontan como poderes extraños". *(De Max Weber: Ensayos de sociología, Max Weber, 1946)*

3. Anomia

Definición:
La anomia es un estado de falta de normas o una ruptura de las normas y valores sociales, que a menudo conduce a la inestabilidad social y una sensación de desorientación personal.

Citas:

1. "La anomia es la condición en la que la sociedad proporciona poca orientación moral a los individuos". *(La división del trabajo en la sociedad, Émile Durkheim, 1893)*

2. "Cuando la sociedad se ve perturbada por alguna crisis dolorosa o por transiciones benéficas pero abruptas, es momentáneamente incapaz de ejercer esta influencia; y de ahí vienen los aumentos repentinos en la curva de suicidios". *(Suicidio: un estudio de sociología, Émile Durkheim, 1897)*

3. "La anomia surge de una discrepancia entre los objetivos culturalmente prescritos y los medios socialmente estructurados para alcanzarlos". *(Teoría social y estructura social, Robert K. Merton, 1949)*

4. Asimilación

Definición:
La asimilación es el proceso mediante el cual individuos o grupos adoptan la cultura, las normas y los valores de otro grupo, lo que a menudo resulta en la pérdida de su identidad cultural original.

Citas:

1. "La asimilación es el proceso de interpenetración y fusión en el que personas y grupos adquieren los recuerdos, sentimientos y actitudes de otras personas o grupos". *(El campesino polaco en Europa y América, William I. Thomas y Florian Znaniecki, 1918)*

2. "La asimilación de un pueblo se mide por el grado en que ha descartado su herencia cultural y adoptado la cultura del grupo dominante". *(Raza y relaciones étnicas, Martin N. Marger, 1991)*

3. "La asimilación puede verse como un proceso unidireccional de absorción de grupos minoritarios en la cultura dominante, a menudo a expensas de su identidad original". *(Diversidad cultural en los Estados Unidos, Larry Naylor, 1997)*

5. Asociación voluntaria

Definición:

Una asociación voluntaria es un grupo formado por personas que se reúnen voluntariamente para perseguir intereses u objetivos comunes, a menudo caracterizado por la membresía y participación voluntaria.

Citas:

1. "Las asociaciones voluntarias desempeñan un papel crucial a la hora de fomentar el compromiso cívico y la cohesión social". *(Bolos solos: el colapso y el resurgimiento de la comunidad estadounidense, Robert D. Putnam, 2000)*

2. "La fuerza de las asociaciones voluntarias reside en su capacidad para movilizar recursos e influir en el cambio social". *(La democracia en América, Alexis de Tocqueville, 1835)*

3. "La participación en asociaciones voluntarias mejora el sentido de comunidad y pertenencia de los individuos". *(La imaginación sociológica, C. Wright Mills, 1959)*

6. Autoridad

Definición:
La autoridad se refiere al poder legítimo que un individuo o un grupo posee y ejerce sobre otros, muchas veces reconocido y aceptado por quienes están sujetos a él.

Citas:

1. "La autoridad es el poder legítimo que una persona o un grupo posee y ejerce sobre otro." *(Economía y Sociedad, Max Weber, 1922)*

2. "La autoridad es poder revestido de legitimidad". *(Sobre el Estado, Pierre Bourdieu, 2014)*

3. "La autoridad implica un derecho reconocido de mando y el correspondiente deber de obedecer". *(Poder: una visión radical, Steven Lukes, 1974)*

7. Bienestar

Definición:
Bienestar se refiere al sistema de apoyo social proporcionado por el gobierno u otras instituciones para garantizar el bienestar y las necesidades básicas de los individuos y las comunidades.

Citas:

1. "El Estado de bienestar tiene como objetivo proteger y promover el bienestar económico y social de los ciudadanos." *(El Estado de bienestar: una perspectiva comparada, Francis G. Castles, 1989)*

2. "Los programas de bienestar están diseñados para aliviar la pobreza y reducir la desigualdad". *(The Welfare State Reader, Christopher Pierson y Francis G. Castles, 2000)*

3. "La eficacia de las políticas de bienestar depende de su capacidad para abordar las causas profundas de los problemas sociales". *(Bienestar y política social, David Garland, 2016)*

8. Burocracia

Definición:
La burocracia es una estructura organizacional caracterizada por una clara jerarquía de autoridad, una rígida división del trabajo, reglas y regulaciones escritas y relaciones impersonales.

Citas:

1. "La burocracia es el medio para transformar la acción social en acción racionalmente organizada". *(Economía y Sociedad, Max Weber, 1922)*

2. "El tipo ideal de burocracia implica una organización jerárquica, reglas formalizadas e impersonalidad en el cargo". *(Comportamiento administrativo, Herbert Simon, 1947)*

3. "La burocracia se desarrolla tanto más perfectamente cuanto más se deshumaniza, tanto más logra eliminar de los asuntos oficiales el amor, el odio y todos los elementos puramente personales, irracionales y

emocionales que escapan al cálculo." *(De Max Weber: Ensayos de sociología, Max Weber, 1946)*

9. Cambio social

Definición:
El cambio social se refiere a la transformación de la cultura, el comportamiento, las instituciones sociales y la estructura social a lo largo del tiempo.

Citas:

1. "El cambio social es la alteración del orden social de una sociedad". *(Cambio social con respecto a la cultura y la naturaleza original, William Fielding Ogburn, 1922)*

2. "El cambio social puede ser el resultado tanto de procesos evolutivos graduales como de repentinos levantamientos revolucionarios". *(Cambio revolucionario, Chalmers Johnson, 1966)*

3. "El cambio social implica la interacción dinámica de fuerzas estructurales y la acción humana". *(Teorías del cambio social, Anthony Giddens, 1971)*

10. Capitalismo

Definición:
El capitalismo es un sistema económico en el que los medios de producción son de propiedad privada y se operan con fines de lucro, típicamente caracterizado por mercados competitivos, trabajo asalariado y acumulación de capital.

Citas:

1. "El capitalismo es la producción de mercancías por medio de mercancías". *(El capital: una crítica de la economía política, Karl Marx, 1867)*

2. "En la sociedad capitalista, la riqueza de las naciones se presenta como una inmensa acumulación de mercancías." *(El capital: una crítica de la economía política, Karl Marx, 1867)*

3. "El capitalismo es inherentemente inestable, propenso a crisis cíclicas y impulsado por la búsqueda competitiva de ganancias". *(La acumulación de capital, Rosa Luxemburgo, 1913)*

11. Carrera

Definición:
La raza es una categoría socialmente construida de personas que comparten ciertas características físicas, como el color de la piel, que la sociedad considera importantes, lo que a menudo conduce a un trato desigual y a la discriminación.

Citas:

1. "La raza es un concepto que significa y simboliza conflictos e intereses sociales al referirse a diferentes tipos de cuerpos humanos". *(Formación racial en los Estados Unidos, Michael Omi y Howard Winant, 1986)*

2. "La raza no es biológicamente real, pero sí lo es en sus consecuencias". *(El contrato racial, Charles W. Mills, 1997)*

3. "La raza es una construcción social, una forma en que las sociedades categorizan a los individuos basándose en características físicas y ascendencia percibida". *(La construcción social de la realidad, Peter L. Berger y Thomas Luckmann, 1966)*

12. Clase

Definición:

Clase se refiere a un grupo de personas dentro de la sociedad que comparten un estatus socioeconómico similar, generalmente basado en su relación con los medios de producción y sus intereses económicos.

Citas:

1. "La historia de todas las sociedades existentes hasta ahora es la historia de la lucha de clases." *(El Manifiesto Comunista, Karl Marx y Friedrich Engels, 1848)*

2. "La clase es la fuerza determinante en la historia, pero su impacto está mediado por estructuras e instituciones sociales". *(Clase y conflicto de clases en la sociedad industrial, Ralf Dahrendorf, 1959)*

3. "La clase es la base de la vida social y el determinante fundamental del comportamiento político". *(Clase social en el capitalismo moderno, John Scott, 1994)*

13. clase baja

Definición:

La clase baja se refiere a un segmento de la población que experimenta pobreza persistente, desempleo y marginación social, a menudo caracterizado por un acceso limitado a recursos y oportunidades.

Citas:

1. *"La clase baja es un grupo que se encuentra en la base de la jerarquía socioeconómica y que enfrenta desventajas crónicas". (Los verdaderamente desfavorecidos, William Julius Wilson, 1987)*

2. "Los miembros de la clase baja a menudo experimentan un ciclo de pobreza y marginación del que es difícil escapar". *(El debate de la clase baja: opiniones desde la historia, Michael B. Katz, 1993)*

3. "Abordar los problemas de las clases marginadas requiere políticas e intervenciones sociales específicas". *(Cuando el trabajo desaparece: el mundo de los nuevos pobres urbanos, William Julius Wilson, 1996)*

14. Conflicto

Definición:
El conflicto en sociología se refiere a la lucha entre fuerzas opuestas, típicamente grupos o clases, por recursos, poder y estatus, que conduce a un cambio social.

Citas:

1. "El conflicto es el motor del desarrollo histórico y del cambio social". *(Sociología del conflicto: hacia una ciencia explicativa, Randall Collins, 1975)*

2. "La historia de todas las sociedades existentes hasta ahora es la historia de la lucha de clases." *(El Manifiesto Comunista, Karl Marx y Friedrich Engels, 1848)*

3. "El conflicto social es un proceso mediante el cual los grupos de la sociedad luchan por lograr sus objetivos, lo que a menudo conduce a cambios en las estructuras e instituciones sociales". *(Conflicto social: escalada, estancamiento y solución, Dean G. Pruitt y Peter J. Carnevale, 1993)*

15. Conformidad

Definición:
La conformidad es el acto de hacer coincidir actitudes, creencias y comportamientos con las normas del grupo, a menudo como resultado de la presión social.

Citas:

1. "La conformidad es el término más general para describir el acto de ajustar el comportamiento o el pensamiento de uno para alinearse con los estándares del grupo". *(El animal social, Elliot Aronson, 1972)*

2. "El proceso de conformidad implica las influencias sociales que llevan a los individuos a adaptar su comportamiento para adaptarse a las normas del grupo". *(Dinámica de grupo: teoría, investigación y práctica, Donelson R. Forsyth, 2009)*

3. "La conformidad es el acto de ceder a las presiones del grupo, reales o imaginarias". *(Conformidad y conflicto:*

lecturas en antropología cultural, James Spradley y David W. McCurdy, 1971)

16. Control social

Definición:
El control social se refiere a los mecanismos, estrategias e instituciones que utilizan las sociedades para mantener el orden, hacer cumplir las normas y regular el comportamiento.

Citas:

1. "El control social implica la regulación del comportamiento individual y grupal para garantizar la conformidad y el cumplimiento de las normas sociales". *(El control social de las empresas, Edward Alsworth Ross, 1901)*

2. "Las instituciones de control social trabajan para mantener el orden social existente y prevenir la desviación". *(Desviación y control social, Alex Thio, 1978)*

3. "El control social puede ser tanto formal, a través de leyes y regulaciones, como informal, a través de la socialización y normas culturales". *(Control social: teorías y conceptos, James J. Chriss, 2013)*

17. Cultura

Definición:
La cultura es el conjunto de creencias, valores, normas, prácticas, costumbres y artefactos compartidos que caracterizan a un grupo o sociedad.

Citas:

1. "La cultura son los patrones de orientación aprendidos, compartidos y duraderos en la sociedad". *(Las consecuencias de la cultura: comparación de valores, comportamientos, instituciones y organizaciones entre naciones, Geert Hofstede, 2001)*

2. "La cultura es la programación colectiva de la mente que distingue a los miembros de un grupo de otros." *(Consecuencias de la cultura: diferencias internacionales en los valores relacionados con el trabajo, Geert Hofstede, 1980)*

3. "La cultura es el medio a través del cual los individuos se expresan e interpretan el mundo". *(La interpretación de las culturas, Clifford Geertz, 1973)*

18. Curso de vida

Definición:
El curso de vida es una perspectiva teórica que examina la historia de vida del individuo y su contexto social, enfatizando la interacción del desarrollo individual y el cambio social a lo largo de la vida.

Citas:

1. "El enfoque del curso de vida es el estudio de las formas en que las vidas se organizan socialmente en un tiempo y espacio y cómo estas vías influyen en el cambio social y el desarrollo individual". *(El curso de la vida: una perspectiva sociológica, Tamara K. Hareven, 1982)*

2. "El análisis del curso de vida enfatiza la importancia del tiempo, el contexto, el proceso y el significado en el desarrollo humano y la vida familiar". *(El oficio de la investigación del curso de la vida, Glen H. Elder Jr. y Janet Z. Giele, 2009)*

3. "El marco del curso de vida analiza la secuencia de eventos y roles socialmente definidos que los individuos desempeñan a lo largo del tiempo". *(El envejecimiento y el curso de la vida: una introducción a la gerontología social, Jill Quadagno, 2013)*

19. Desigualdad

Definición:
La desigualdad se refiere a la distribución desigual de recursos, oportunidades y privilegios dentro de una sociedad, a menudo basada en clase, raza, género u otras categorías sociales.

Citas:

1. "La desigualdad es la diferencia en la distribución de los activos económicos y los ingresos, así como la calidad general y el lujo de la existencia de cada persona dentro de una sociedad". *(El capital en el siglo XXI, Thomas Piketty, 2013)*

2. "La desigualdad social ocurre cuando los recursos en una sociedad determinada se distribuyen de manera desigual, típicamente a través de normas de asignación, que engendran patrones específicos a lo largo de líneas de categorías socialmente definidas". *(La desigualdad reexaminada, Amartya Sen, 1992)*

3. "La desigualdad es un problema social que tiene importantes implicaciones tanto para los individuos como para la sociedad en su conjunto". *(El nivel de espíritu: por qué a las sociedades más igualitarias casi siempre les va mejor, Richard Wilkinson y Kate Pickett, 2009)*

20. Desviación

Definición:

La desviación se refiere a comportamientos o acciones que violan las normas sociales, incluidas las reglas (leyes) promulgadas formalmente y las violaciones informales de las normas sociales.

Citas:

1. "La desviación no es una cualidad del acto que la persona comete, sino más bien una consecuencia de la aplicación por parte de otros de reglas y sanciones a un 'infractor'." *(Forasteros: estudios sobre la sociología de la desviación, Howard S. Becker, 1963)*

2. "La desviación es un comportamiento que viola las normas de conducta o las expectativas de un grupo o sociedad". *(Sociología: una breve introducción, Richard T. Schaefer, 2011)*

3. "El concepto de desviación se refiere a la alteración de las normas y expectativas sociales en un contexto social determinado". *(Desviación y control, Albert K. Cohen, 1966)*

21. Difusión

Definición:
La difusión es el proceso mediante el cual elementos culturales, como ideas, estilos, tecnologías y comportamientos, se propagan de una sociedad o grupo a otro.

Citas:

1. "La difusión es el proceso por el cual una innovación se comunica a través de ciertos canales a lo largo del tiempo entre los miembros de un sistema social". *(Difusión de Innovaciones, Everett M. Rogers, 1962)*

2. "La difusión de rasgos culturales implica la difusión de ideas y artefactos de una cultura a otra". *(Antropología cultural, Conrad Phillip Kottak, 1991)*

3. "La difusión es un proceso mediante el cual se toman prestados elementos culturales de una sociedad y se incorporan a otra". *(Antropología: la exploración de la diversidad humana, Conrad Phillip Kottak, 2002)*

22. Discriminación

Definición:
La discriminación es el trato injusto o perjudicial a personas o grupos basado en características como raza, género, edad o etnia.

Citas:

1. "La discriminación se refiere al trato diferenciado de individuos o grupos basado en atributos arbitrarios o

estigmatizados." *(Sociología: temas y perspectivas, Michael Haralambos y Martin Holborn, 2008)*

2. "La discriminación es un proceso que perjudica a algunos individuos o grupos y privilegia a otros". *(Discriminación en las organizaciones, Robert L. Dipboye y Adrienne Colella, 2005)*

3. "La discriminación ocurre cuando actitudes prejuiciosas se traducen en acciones que perjudican a las minorías". *(Prejuicio y discriminación, John P. Jackson y Nadine M. Weidman, 2004)*

23. División del trabajo

Definición:
La división del trabajo es la especialización de tareas laborales mediante la cual se combinan diferentes ocupaciones dentro de un sistema de producción.

Citas:

1. "La división del trabajo es un factor clave en la evolución de las sociedades humanas, que conduce a una mayor eficiencia y productividad". *(La riqueza de las naciones, Adam Smith, 1776)*

2. "La división del trabajo es la separación de tareas en cualquier sistema para que los participantes puedan especializarse." *(La división del trabajo en la sociedad, Émile Durkheim, 1893)*

3. "La especialización y la división del trabajo son las características distintivas de las economías avanzadas". *(Principios de Sociología, Herbert Spencer, 1876)*

24. Espacio

Definición:
En sociología, el espacio se refiere al área física o virtual en la que ocurren las interacciones y actividades sociales, que influyen en el comportamiento y las relaciones sociales.

Citas:

1. "El espacio social es un entorno construido donde tienen lugar las actividades e interacciones humanas". *(La producción del espacio, Henri Lefebvre, 1974)*

2. "El espacio no es sólo una entidad física, sino que también está moldeado por relaciones y prácticas sociales". *(Espacio, lugar y género, Doreen Massey, 1994)*

3. "Comprender el espacio es crucial para analizar la organización espacial de la sociedad". *(Tercer espacio: Viajes a Los Ángeles y otros lugares reales e imaginados, Edward W. Soja, 1996)*

25. Estado

Definición:
El estado es una entidad política organizada con un gobierno centralizado que tiene autoridad sobre un territorio y una población definidos.

Citas:

1. "El Estado es el monopolio de la violencia física legítima dentro de un territorio determinado." *(La política como vocación, Max Weber, 1919)*

2. "El Estado moderno es un complejo aparato de gobierno y administración que regula la vida social". *(El Estado en la sociedad capitalista, Ralph Miliband, 1969)*

3. "El papel del Estado consiste en mantener el orden, proporcionar servicios y regular las actividades económicas". *(Estados y revoluciones sociales, Theda Skocpol, 1979)*

26. Estado

Definición:
El estatus se refiere a la posición social relativa o al rango de un individuo o grupo dentro de una sociedad.

Citas:

1. "El estatus es una posición dentro de un sistema social que define los derechos y obligaciones de sus ocupantes". *(Teoría de roles: expectativas, identidades y comportamientos, Ralph Linton, 1945)*

2. "El estatus social es un determinante clave de las interacciones de las personas y la distribución de recursos". *(Estado y poder en la interacción social, Theodore D. Kemper, 1978)*

3. "El estatus de los individuos está determinado por varios factores, incluida la riqueza, la educación y la ocupación". *(Estratificación social y desigualdad, Harold R. Kerbo, 2012)*

27. Estigma

Definición:
El estigma es una marca de desgracia o descrédito que distingue a un individuo de los demás, lo que a menudo resulta en discriminación y marginación.

Citas:

1. "El estigma implica una identidad estropeada, donde un individuo queda desacreditado y devaluado ante los ojos de los demás". *(Estigma: Notas sobre la gestión de la identidad estropeada, Erving Goffman, 1963)*

2. "Se considera que la persona estigmatizada posee un atributo que la hace diferente y menos deseable". *(La presentación de uno mismo en la vida cotidiana, Erving Goffman, 1956)*

3. "El estigma puede tener efectos profundos en el autoconcepto y las interacciones sociales de los individuos". *(Estigma y bienestar social, Paul Spicker, 1984)*

28. Estratificación

Definición:

La estratificación se refiere a la disposición jerárquica de individuos o grupos en una sociedad basada en factores como la riqueza, el poder y el estatus social.

Citas:

1. "La estratificación social es la división de la sociedad en diferentes niveles de jerarquía basados en el estatus social, la riqueza y el poder". *(Estratificación social y desigualdad, Harold R. Kerbo, 2012)*

2. "Los sistemas de estratificación definen la distribución de recursos y oportunidades entre los miembros de la sociedad". *(La estructura de clases estadounidense en una era de creciente desigualdad, Dennis Gilbert, 2017)*

3. "Comprender la estratificación es esencial para analizar patrones de desigualdad y movilidad social". *(Class Counts: Estudios comparativos en análisis de clases, Erik Olin Wright, 1997)*

29. Estructura

Definición:
En sociología, la estructura se refiere al patrón organizado de relaciones e instituciones sociales que en conjunto componen la sociedad.

Citas:

1. "La estructura social es el marco que nos rodea, que consiste en las relaciones de personas y grupos entre sí, que da dirección y establece límites al

comportamiento". *(Sociología: un enfoque con los pies en la tierra, James M. Henslin, 2011)*

2. "El concepto de estructura social enfatiza los aspectos duraderos y estables de la vida social". *(Estructura social e interacción social, Anthony Giddens, 1979)*

3. "Comprender la estructura social es clave para analizar los patrones y regularidades del comportamiento humano". *(La construcción social de la realidad, Peter L. Berger y Thomas Luckmann, 1966)*

30. Estructura social

Definición:
La estructura social se refiere al patrón organizado de relaciones sociales e instituciones sociales que juntas componen la sociedad.

Citas:

1. "La estructura social es el marco que nos rodea, que consiste en las relaciones de personas y grupos entre sí, que da dirección y establece límites al comportamiento". *(Sociología: un enfoque con los pies en la tierra, James M. Henslin, 2011)*

2. "El concepto de estructura social enfatiza los aspectos duraderos y estables de la vida social". *(Estructura social e interacción social, Anthony Giddens, 1979)*

3. "Comprender la estructura social es clave para analizar los patrones y regularidades del comportamiento

humano". *(La construcción social de la realidad, Peter L. Berger y Thomas Luckmann, 1966)*

31. Etnocentrismo

Definición:
El etnocentrismo es la creencia en la superioridad inherente del propio grupo étnico o cultura, lo que a menudo resulta en prejuicios y discriminación contra otros grupos.

Citas:

1. "El etnocentrismo es la visión de que el propio grupo es el centro de todo, y todos los demás son evaluados y evaluados con referencia a él". *(Folkways, William Graham Sumner, 1906)*

2. "El etnocentrismo se refiere a la tendencia a considerar la propia cultura como superior y a aplicar los propios valores culturales al juzgar el comportamiento y las creencias de las personas criadas en otras culturas". *(Antropología cultural, Conrad Phillip Kottak, 1991)*

3. "El etnocentrismo es la propensión universal de las personas a considerar sus propias prácticas culturales como naturales y correctas, mientras perciben las de los demás como extrañas o inferiores". *(El estudio del hombre, Ralph Linton, 1936)*

32. Familia

Definición:

La familia es una institución social que une a los individuos en grupos cooperativos que se cuidan unos a otros, incluidos los niños, y normalmente se caracteriza por vínculos de parentesco.

Citas:

1. "La familia es una institución social que se encuentra en todas las sociedades y que une a las personas en grupos cooperativos para cuidarse unos a otros, incluidos los niños". *(Sociología, John J. Macionis, 2010)*

2. "La familia es el grupo primario más importante de la sociedad, el lugar de nuestras relaciones más íntimas y el contexto primario para la socialización". *(La familia: una introducción, William J. Goode, 1964)*

3. "La familia sirve como contexto principal en el que se produce la socialización, a través del cual los individuos aprenden los valores, normas y costumbres de su sociedad". *(Patrones familiares, relaciones de género, Bonnie Fox, 2001)*

33. Feminismo

Definición:
El feminismo es un movimiento y una perspectiva teórica que aboga por la igualdad política, económica y social de todos los géneros.

Citas:

1. "El feminismo es la noción radical de que las mujeres son personas". *(¿No soy yo una mujer? Las mujeres negras y el feminismo, Bell Hooks, 1981)*

2. "El feminismo es un movimiento social y una ideología que lucha por los derechos y la igualdad de las mujeres". *(El feminismo es para todos: política apasionada, bellhooks, 2000)*

3. "El feminismo busca establecer la igualdad de oportunidades para las mujeres en la educación y el empleo." *(El segundo sexo, Simone de Beauvoir, 1949)*

34. Fenomenología

Definición:
La fenomenología es un enfoque filosófico que explora las estructuras de la experiencia y la conciencia, centrándose en cómo los individuos perciben y dan sentido al mundo que los rodea.

Citas:

1. "La fenomenología es el estudio de las estructuras de la conciencia experimentadas desde el punto de vista de la primera persona". *(Ideas: Introducción general a la fenomenología pura, Edmund Husserl, 1913)*

2. "La fenomenología tiene como objetivo describir los fenómenos del mundo tal como se presentan al individuo, sin teorías o interpretaciones preconcebidas". *(Ser y Tiempo, Martin Heidegger, 1927)*

3. "La fenomenología busca descubrir las estructuras esenciales de la experiencia examinando cómo aparecen las cosas ante la conciencia". *(Fenomenología de la percepción, Maurice Merleau-Ponty, 1945)*

35. Fuerza

Definición:
El poder es la capacidad de influir o controlar el comportamiento de las personas, a menudo medido por la capacidad de hacer cumplir decisiones, controlar recursos y dar forma a estructuras sociales.

Citas:

1. "El poder es la capacidad de un individuo o grupo para lograr sus propios objetivos u objetivos cuando otros intentan impedir que los alcance". *(Poder: una visión radical, Steven Lukes, 1974)*

2. "El poder es la posibilidad que tiene un hombre o varios hombres de realizar su propia voluntad en una acción social incluso contra la resistencia de otros que participan en la acción". *(Economía y Sociedad, Max Weber, 1922)*

3. "El poder, en su concepción más simple, significa control sobre el comportamiento de los demás". *(Política: quién obtiene qué, cuándo, cómo, Harold Lasswell, 1936)*

36. Función latente

Definición:

La función latente se refiere a las consecuencias no deseadas, no reconocidas y a menudo ocultas de fenómenos o estructuras sociales.

Citas:

1. "Las funciones latentes son aquellas que no son intencionadas ni reconocidas por los miembros de un sistema social." *(Teoría social y estructura social, Robert K. Merton, 1949)*

2. "Las funciones latentes, a diferencia de las funciones manifiestas, son consecuencias que contribuyen al mantenimiento de la estabilidad social sin ser intencionadas ni reconocidas". *(Las funciones del conflicto social, Lewis A. Coser, 1956)*

3. "Las funciones latentes son resultados no deseados de procesos sociales que tienen efectos funcionales en la sociedad". *(Funciones manifiestas y latentes, Robert K. Merton, 1957)*

37. Función manifiesta

Definición:
La función manifiesta se refiere a las consecuencias previstas, obvias y reconocidas de los fenómenos o estructuras sociales.

Citas:

1. "Las funciones manifiestas son las consecuencias previstas y reconocidas de una acción o estructura social". *(Teoría social y estructura social, Robert K. Merton, 1949)*

2. "Las funciones manifiestas son los resultados aparentes, previstos y esperados de las acciones y estructuras sociales". *(Sociología: temas y perspectivas, Michael Haralambos y Martin Holborn, 2008)*

3. "Las funciones manifiestas son aquellas que la gente observa o espera en un sistema social". *(Introducción a la Sociología, Anthony Giddens, 2001)*

38. Funcionalismo

Definición:
El funcionalismo es una perspectiva teórica que ve a la sociedad como un sistema complejo cuyas partes trabajan juntas para promover la estabilidad y el orden social.

Citas:

1. "El funcionalismo ve la sociedad como un sistema de partes interconectadas que trabajan juntas para mantener un estado de equilibrio y equilibrio social para el todo". *(Teoría social y estructura social, Robert K. Merton, 1949)*

2. "La perspectiva funcionalista enfatiza la interconexión de la sociedad al centrarse en cómo cada parte influye y es influenciada por otras partes". *(La división del trabajo en la sociedad, Émile Durkheim, 1893)*

3. "El funcionalismo sostiene que las instituciones y los procesos sociales existen porque cumplen funciones importantes para la estabilidad y continuidad de la

sociedad". *(Las reglas del método sociológico, Émile Durkheim, 1895)*

39. Género

Definición:
El género se refiere a los roles, comportamientos, actividades y atributos socialmente construidos que una sociedad determinada considera apropiados para hombres y mujeres.

Citas:

1. "El género es el conjunto de características pertenecientes a la masculinidad y la feminidad y que las diferencian". *(Problemas de género: feminismo y subversión de la identidad, Judith Butler, 1990)*

2. "El género no es algo que uno es, es algo que uno hace, un acto, un 'hacer' más que un 'ser'." *(Problemas de género: feminismo y subversión de la identidad, Judith Butler, 1990)*

3. "El género es una construcción social que varía según las diferentes culturas y períodos históricos". *(El segundo sexo, Simone de Beauvoir, 1949)*

40. Globalización

Definición:
La globalización se refiere al proceso mediante el cual las empresas, las culturas y los gobiernos se interconectan y se vuelven interdependientes a escala global, a menudo impulsado por el comercio, la inversión y la tecnología.

Citas:

1. "La globalización es el proceso mediante el cual los pueblos del mundo se unifican en una sola sociedad y funcionan juntos". *(El Lexus y el olivo, Thomas Friedman, 1999)*

2. "La globalización implica la intensificación de las relaciones sociales a nivel mundial que vinculan localidades distantes de tal manera que los acontecimientos locales están moldeados por acontecimientos que ocurren a muchos kilómetros de distancia y viceversa". *(Las consecuencias de la modernidad, Anthony Giddens, 1990)*

3. "La globalización representa el triunfo de una economía mundial capitalista unida por una división global del trabajo". *(Transformaciones Globales, David Held et al., 1999)*

41. Grupo

Definición:
Una cohorte es un grupo de individuos que comparten una característica común, generalmente la edad, y experimentan los mismos eventos significativos dentro de un período determinado.

Citas:

1. "Una cohorte se define como el conjunto de individuos que experimentan el mismo evento dentro del mismo

intervalo de tiempo". *(Análisis de cohortes en investigación social, WM Mason y SE Fienberg, 1985)*

2. "Las cohortes proporcionan una manera de comprender los efectos del cambio social en los cursos de vida individuales". *(Generaciones y memoria colectiva, Karl Mannheim, 1928)*

3. "El concepto de cohorte es crucial para estudiar los efectos generacionales en la movilidad social y el nivel educativo". *(Movilidad social y estructura social, Ronald Breen, 2004)*

42. Grupo

Definición:
Un grupo es un conjunto de individuos que interactúan entre sí, comparten características similares y colectivamente tienen un sentido de unidad.

Citas:

1. "Un grupo es un conjunto de individuos que tienen contacto regular e interacción frecuente, influencia mutua, sentimientos comunes de camaradería y que trabajan juntos para lograr un conjunto de objetivos comunes". *(Dinámica de grupo, Donelson R. Forsyth, 2009)*

2. "Un grupo es un número de individuos reunidos o que tienen alguna relación unificadora". *(Sociología: una breve introducción, Richard T. Schaefer, 2011)*

3. "La esencia de un grupo no es la similitud o diferencia de sus miembros, sino su interacción". *(La mente grupal, William McDougall, 1920)*

43. Grupo primario

Definición:
Un grupo primario es un pequeño grupo social cuyos miembros comparten relaciones cercanas, personales y duraderas, caracterizadas por fuertes vínculos emocionales y un sentido de pertenencia.

Citas:

1. "Los grupos primarios se caracterizan por una asociación y cooperación íntima cara a cara". *(Organización social: un estudio de la mente más amplia, Charles H. Cooley, 1909)*

2. "El grupo primario es la guardería de la naturaleza humana". *(La naturaleza humana y el orden social, Charles H. Cooley, 1902)*

3. "Los grupos primarios desempeñan un papel crucial en el desarrollo de la identidad personal y la socialización". *(El sistema social, Talcott Parsons, 1951)*

44. hábito

Definición:
Habitus es un concepto que se refiere a los hábitos, habilidades y disposiciones profundamente arraigados que los individuos

adquieren a través de sus experiencias de vida y contexto social.

Citas:

1. "El habitus es la internalización de la externalidad y la externalización de la internalidad". *(Esbozo de una teoría de la práctica, Pierre Bourdieu, 1977)*

2. "El habitus es un sistema de disposiciones duraderas y transponibles que guían los pensamientos, las percepciones, las expresiones y las acciones". *(Distinción: Una crítica social del juicio del gusto, Pierre Bourdieu, 1984)*

3. "El habitus es la forma en que la sociedad se deposita en las personas en forma de disposiciones duraderas o capacidades entrenadas y propensiones estructuradas para pensar, sentir y actuar de maneras determinantes". *(La lógica de la práctica, Pierre Bourdieu, 1990)*

45. Hegemonía

Definición:
La hegemonía es el dominio de un grupo sobre otro, a menudo respaldado por normas e ideas legitimadoras.

Citas:

1. "La hegemonía es el consentimiento 'espontáneo' dado por las grandes masas de la población a la dirección general impuesta a la vida social por el grupo fundamental dominante." *(Selecciones de los Cuadernos de prisión, Antonio Gramsci, 1971)*

2. "La hegemonía es una forma de poder que opera a través del consentimiento y no de la coerción". *(Poder y resistencia en el nuevo orden mundial, Stephen Gill, 2003)*

3. "La hegemonía implica la dominación cultural de una sociedad por su clase dominante, lograda mediante la manipulación de creencias y valores". *(Medios, cultura y sociedad, Stuart Hall, 1980)*

46. Identidad

Definición:
La identidad se refiere a las características, sentimientos o creencias que distinguen a las personas individual y colectivamente, incluida la identidad personal y la identidad social.

Citas:

1. "La identidad es un conjunto de significados que definen quién es uno cuando ocupa un rol particular en la sociedad, es miembro de un grupo particular o reivindica características particulares". *(Teoría de la identidad, Peter J. Burke y Jan E. Stets, 2009)*

2. "La identidad es un proceso de autodesarrollo a través del cual formulamos un sentido único de nosotros mismos y de nuestra relación con el mundo que nos rodea". *(Modernidad y autoidentidad, Anthony Giddens, 1991)*

3. "La identidad está siempre en proceso de formación; nunca es una entidad completa". *(Identidad cultural y diáspora, Stuart Hall, 1990)*

47. Ideología

Definición:
La ideología se refiere a un sistema de ideas, creencias, valores e ideales que forman la base de una filosofía o programa social, económico o político.

Citas:

1. "La ideología es un sistema de ideas que aspira tanto a explicar el mundo como a cambiarlo". *(Para Marx, Louis Althusser, 1965)*

2. "La ideología representa la producción de ideas, de concepciones, de conciencia, de todo lo que los hombres dicen, imaginan, conciben." *(La ideología alemana, Karl Marx y Friedrich Engels, 1846)*

3. "Una ideología es un conjunto de ideas mediante las cuales los hombres plantean, explican y justifican los fines y medios de la acción social organizada". *(Ideología y utopía, Karl Mannheim, 1929)*

48. Institución

Definición:
Una institución es un patrón de comportamiento o estructura estable, valorado y recurrente en la sociedad que gobierna el

comportamiento de un conjunto de individuos dentro de una comunidad determinada.

Citas:

1. "Las instituciones son las reglas del juego en una sociedad o, más formalmente, las limitaciones ideadas humanamente que dan forma a la interacción humana". *(Instituciones, cambio institucional y desempeño económico, Douglass C. North, 1990)*

2. "Las instituciones están compuestas por elementos cultural-cognitivos, normativos y regulatorios que, junto con actividades y recursos asociados, brindan estabilidad y significado a la vida social". *(El nuevo institucionalismo en el análisis organizacional, W. Richard Scott, 1995)*

3. "Las instituciones son la base del orden social, permitiendo y restringiendo el comportamiento de individuos y grupos". *(Teoría institucional en ciencia política, B. Guy Peters, 1999)*

49. Interacción

Definición:
La interacción se refiere al proceso por el cual los individuos actúan y reaccionan en relación con otros, formando la base de las relaciones y estructuras sociales.

Citas:

1. "La interacción es la influencia recíproca de los individuos sobre las acciones de los demás cuando se

encuentran en la presencia física inmediata del otro".
*(La presentación de uno mismo en la vida cotidiana,
Erving Goffman, 1959)*

2. "La interacción social es el proceso mediante el cual
   actuamos y reaccionamos ante quienes nos rodean".
   *(Sociología: una breve introducción, Richard T. Schaefer,
   2011)*

3. "La interacción es el rasgo definitorio de la vida social, la
   realidad fundamental de las estructuras sociales".
   (Mente, yo y sociedad, George Herbert Mead, 1934)

50. Interaccionismo simbólico

Definición:
El interaccionismo simbólico es una perspectiva sociológica
que se centra en los significados subjetivos que los individuos
imponen a los objetos, eventos y comportamientos, enfatizando
la importancia de la interacción humana.

Citas:

1. "El interaccionismo simbólico es un marco para
   comprender cómo los individuos crean significado a
   través de interacciones sociales". *(Mente, yo y sociedad,
   George Herbert Mead, 1934)*

2. "El foco del interaccionismo simbólico está en los
   procesos dinámicos e interpretativos de la vida social".
   *(Interaccionismo simbólico: perspectiva y método,
   Herbert Blumer, 1969)*

3. "Comprender la sociedad requiere examinar los símbolos y significados que emergen de las interacciones humanas". *(La presentación de uno mismo en la vida cotidiana, Erving Goffman, 1956)*

51. Interseccionalidad

Definición:

La interseccionalidad es un marco para comprender cómo múltiples identidades sociales (como raza, género, clase) se cruzan en el nivel micro de la experiencia individual para reflejar sistemas entrelazados de privilegios y opresión en el nivel macrosocial-estructural.

Citas:

1. "La interseccionalidad es una lente a través de la cual se puede ver dónde llega y choca el poder, dónde se entrelaza y se cruza". *(Mapeo de los márgenes: interseccionalidad, políticas de identidad y violencia contra las mujeres de color, Kimberlé Crenshaw, 1991)*

2. "El concepto de interseccionalidad tiene sus raíces en la idea de que múltiples identidades sociales se cruzan para crear un todo que es diferente de las identidades que lo componen". *(Interseccionalidad: conceptos clave, Patricia Hill Collins y Sirma Bilge, 2016)*

3. "La interseccionalidad aborda la forma en que los sistemas de opresión se interrelacionan e interactúan, reconociendo la naturaleza compleja y entretejida de las desigualdades sociales". *(Pensamiento feminista negro: conocimiento, conciencia y políticas de empoderamiento, Patricia Hill Collins, 1990)*

52. Justicia social

Definición:
La justicia social es el concepto de relaciones justas y equitativas entre los individuos y la sociedad, incluida la distribución de la riqueza, las oportunidades y los privilegios dentro de una sociedad.

Citas:

1. "La justicia social consiste en crear una sociedad donde la distribución de los recursos sea equitativa y todos los miembros estén física y psicológicamente seguros y protegidos". *(La teoría de la justicia, John Rawls, 1971)*

2. "La búsqueda de la justicia social requiere desafiar y cambiar las estructuras que perpetúan la desigualdad y la discriminación". *(Pedagogía del Oprimido, Paulo Freire, 1970)*

3. "La justicia social implica el reconocimiento y la rectificación de las desigualdades sistémicas". *(Justicia como equidad: una reformulación, John Rawls, 2001)*

53. Juventud

Definición:
La juventud se refiere al período de la vida entre la niñez y la edad adulta, caracterizado por un importante desarrollo físico, emocional y social.

Citas:

1. "La juventud es una etapa crítica del desarrollo, donde los individuos forman sus identidades y realizan transiciones clave en la vida". *(Juventud y sociedad: exploración de la dinámica social de la experiencia juvenil, Rob White, Johanna Wyn y Patrick McMillan, 2017)*

2. "Las experiencias de la juventud están determinadas por factores culturales, económicos y sociales". *(Culturas juveniles: textos, imágenes e identidades, Kerry Mallan y Sharyn Pearce, 2003)*

3. "Para comprender a los jóvenes es necesario examinar las oportunidades y los desafíos que enfrentan en la sociedad contemporánea". *(La Sociología de la Juventud, Henry A. Giroux, 2009)*

54. Mano de obra

Definición:
El trabajo se refiere al esfuerzo humano, tanto físico como mental, utilizado en la producción de bienes y servicios en una economía.

Citas:

1. "El trabajo es la fuente de toda riqueza, la fuente activa de la riqueza material". *(El capital: una crítica de la economía política, Karl Marx, 1867)*

2. "El trabajo es la actividad humana que produce los bienes y servicios que sustentan y mejoran la vida". *(El proceso laboral y el control del trabajo: la naturaleza*

cambiante de las relaciones laborales a finales del siglo XX, Michael Burawoy, 1979)

3. "El valor del trabajo reside en su capacidad de crear nuevo valor, no sólo mediante la producción de bienes y servicios sino también mediante la reproducción de la vida social". *(La división del trabajo en la sociedad, Émile Durkheim, 1893)*

55. marxismo

Definición:

El marxismo es una teoría social, política y económica que interpreta la historia a través del lente de la lucha de clases y aboga por una sociedad sin divisiones de clases donde los medios de producción sean de propiedad comunitaria.

Citas:

1. "La historia de todas las sociedades existentes hasta ahora es la historia de la lucha de clases." *(El Manifiesto Comunista, Karl Marx y Friedrich Engels, 1848)*

2. "Las ideas dominantes de cada época siempre han sido las ideas de su clase dominante". *(La ideología alemana, Karl Marx y Friedrich Engels, 1845)*

3. "El marxismo busca descubrir las relaciones sociales de producción y las relaciones de clase inherentes a ellas". *(Marxismo y literatura, Raymond Williams, 1977)*

56. Mobilidad social

Definición:
La movilidad social se refiere al movimiento de individuos o grupos dentro de la jerarquía social, que puede resultar en un cambio de estatus social.

Citas:

1. "La movilidad social es la capacidad de los individuos o grupos de moverse dentro de una jerarquía social". *(Estratificación social y movilidad en los Estados Unidos, Peter M. Blau y Otis Dudley Duncan, 1967)*

2. "El estudio de la movilidad social examina hasta qué punto el estatus social puede cambiar de una generación a la siguiente". *(Estructura de clases y movilidad social en sociedades posindustriales, Robert Erikson y John H. Goldthorpe, 1992)*

3. "Los altos niveles de movilidad social a menudo se consideran indicadores de una sociedad justa y abierta". *(El flujo constante: un estudio de la movilidad de clases en las sociedades industriales, Robert Erikson y John H. Goldthorpe, 1992)*

57. Modernidad

Definición:
La modernidad se refiere al período histórico caracterizado por la transición de sociedades tradicionales a industriales, marcado por rápidos cambios sociales, económicos y culturales.

Citas:

1. "La modernidad es lo transitorio, lo fugaz, lo contingente; es la mitad del arte, siendo la otra lo eterno y lo inmutable." *(El pintor de la vida moderna, Charles Baudelaire, 1863)*

2. "La modernidad es la condición trascendental del ser en la que los modos de vida tradicionales se disuelven en favor de nuevas formas de vivir y pensar". *(Las consecuencias de la modernidad, Anthony Giddens, 1990)*

3. "La modernidad es una ruptura con la tradición y una transformación de las estructuras y valores sociales". *(Todo lo sólido se funde en el aire: la experiencia de la modernidad, Marshall Berman, 1982)*

58. Multiculturalismo

Definición:
El multiculturalismo es un enfoque social y político que reconoce y promueve la diversidad de culturas dentro de una sociedad, fomentando la convivencia y el trato equitativo de los diferentes grupos culturales.

Citas:

1. "El multiculturalismo busca proporcionar una mejor comprensión de cómo diferentes culturas pueden coexistir e interactuar dentro de una sola sociedad". *(Multiculturalismo: examen de la política de reconocimiento, Charles Taylor, 1994)*

2. "El multiculturalismo consiste en reconocer la diversidad de culturas dentro de una sociedad y garantizar que todos los grupos culturales tengan las

mismas oportunidades de participar y contribuir". *(La política del multiculturalismo en la nueva Europa, Tariq Modood y Pnina Werbner, 1997)*

3. "El multiculturalismo es el proceso a través del cual los grupos minoritarios pueden mantener sus identidades culturales distintivas mientras participan plenamente en la sociedad en general". *(El multiculturalismo del miedo, Jacob T. Levy, 2000)*

59. Norma

Definición:
Una norma es un estándar o regla que gobierna el comportamiento dentro de una sociedad, reflejando a menudo los valores y expectativas de esa sociedad.

Citas:

1. "Las normas son las expectativas que las personas tienen sobre el comportamiento apropiado en una situación determinada". *(Teoría social y estructura social, Robert K. Merton, 1949)*

2. "Una norma es una regla que guía el comportamiento entre los miembros de una sociedad o grupo." *(Sociología: una breve introducción, Richard T. Schaefer, 2011)*

3. "Las normas son códigos de conducta invisibles, pero importantísimos, mediante los cuales las sociedades mantienen el orden social". *(Las reglas del método sociológico, Émile Durkheim, 1895)*

60. Orden social

Definición:
El orden social es la disposición de prácticas y comportamientos en los que los miembros de una sociedad basan su vida diaria, creando un entorno estable y predecible.

Citas:

1. "El orden social es producto de normas, valores y prácticas compartidas que sientan las bases de la estabilidad social". *(La división del trabajo en la sociedad, Émile Durkheim, 1893)*

2. "El orden social se mantiene mediante la aplicación de normas y la sanción de las desviaciones". *(Desviación y control social, Alex Thio, 1978)*

3. "El concepto de orden social es fundamental para el estudio de cómo funcionan las sociedades y mantienen la cohesión". *(Orden y cambio en la sociedad, Talcott Parsons, 1960)*

61. Papel social

Definición:
Un rol social es un conjunto de comportamientos, responsabilidades y expectativas asociadas con un estatus o posición social particular dentro de un grupo o sociedad.

Citas:

1. "Los roles sociales son los pilares de las instituciones sociales y el medio principal por el cual los individuos

interactúan dentro de una estructura social". *(La presentación de uno mismo en la vida cotidiana, Erving Goffman, 1956)*

2. "El concepto de rol es central para la comprensión de la interacción social y la organización de la sociedad". *(Teoría de roles: conceptos e investigación, Bruce J. Biddle, 1966)*

3. "Los roles proporcionan el marco para la interacción social al definir el comportamiento esperado de los individuos en diferentes contextos". *(Teoría de roles: expectativas, identidades y comportamientos, Ralph Linton, 1945)*

62. Parentesco

Definición:
El parentesco se refiere a los vínculos y relaciones sociales derivados de los lazos de sangre, el matrimonio o la adopción que forman la base de la organización social en muchas sociedades.

Citas:

1. "El parentesco es el reconocimiento social de los vínculos biológicos e incluye la red de relaciones sociales que forman parte integral de la vida de la mayoría de los seres humanos en la mayoría de las sociedades". *(Parentismo y organización social, WHR Rivers, 1910)*

2. "Los sistemas de parentesco son las estructuras sociales que regulan y legitiman las relaciones sexuales, la

descendencia y la herencia". *(Las estructuras elementales del parentesco, Claude Lévi-Strauss, 1949)*

3. "El parentesco es una institución social dinámica y fluida que refleja e influye en el contexto social y cultural más amplio". *(Kinship in Action: Self and Group, David M. Schneider, 1968)*

63. Patriarcado

Definición:
El patriarcado es un sistema social en el que los hombres ostentan el poder primario, dominando roles de liderazgo político, autoridad moral, privilegios sociales y control sobre la propiedad.

Citas:

1. "El patriarcado es el sistema de estructuras y prácticas sociales en el que los hombres dominan, oprimen y explotan a las mujeres". *(Teorizando el patriarcado, Sylvia Walby, 1990)*

2. "El patriarcado es una estructura social que coloca a los hombres en una posición dominante sobre las mujeres". *(Problemas de género: feminismo y subversión de la identidad, Judith Butler, 1990)*

3. "El patriarcado es el sistema institucionalizado de dominación masculina". *(Teoría feminista: del margen al centro, Bell Hooks, 1984)*

64. Pluralismo

Definición:
El pluralismo es una condición o sistema en el que múltiples grupos, creencias o culturas distintas coexisten dentro de una sociedad y mantienen sus diferencias culturales mientras participan por igual en el proceso político.

Citas:

1. "El pluralismo es la creencia de que varios grupos religiosos, étnicos y culturales deben coexistir en una sola sociedad y mantener sus distintas tradiciones culturales". *(La política del pluralismo, Charles E. Lindblom, 1959)*

2. "El pluralismo se refiere a una sociedad en la que se acepta la diversidad y los diferentes grupos culturales tienen la misma posición". *(Ciudadanía multicultural: una teoría liberal de los derechos de las minorías, Will Kymlicka, 1995)*

3. "El pluralismo es la coexistencia pacífica y el respeto mutuo entre diferentes grupos culturales dentro de una sociedad". *(Pluralismo cultural en la educación: un mandato para el cambio, Madan Sarup, 1978)*

65. Población

Definición:
La población se refiere al número total de individuos o habitantes en un área geográfica particular, como una ciudad, un país o el mundo.

Citas:

1. "Los estudios de población se centran en el tamaño, la composición y la distribución de las poblaciones, así como en los patrones y causas de los cambios en estas características". *(Demografía: medición y modelización de procesos poblacionales, Samuel H. Preston, Patrick Heuveline y Michel Guillot, 2001)*

2. "Población es el término utilizado para describir el número de personas que viven en un área o país determinado". *(Población y sociedad: una introducción a la demografía, Dudley L. Poston y Leon F. Bouvier, 2010)*

3. "La dinámica de la población está determinada por las tasas de natalidad, las tasas de mortalidad y los patrones de migración". *(Población: Introducción a conceptos y cuestiones, John R. Weeks, 2012)*

66. Politica social

Definición:
La política social se refiere a los principios, lineamientos y legislación que rigen las acciones y decisiones dentro de una sociedad, encaminadas a mejorar el bienestar y la calidad de vida de sus miembros.

Citas:

1. "La política social abarca una amplia gama de cuestiones, incluida la atención sanitaria, la educación y la seguridad social". *(Política social: teoría y práctica, Pete Alcock, 2003)*

2. "El desarrollo de la política social está influenciado por factores económicos, políticos y culturales". *(La política de la política social en los Estados Unidos, Margaret Weir, Ann Shola Orloff y Theda Skocpol, 1988)*

3. "Una política social eficaz tiene como objetivo abordar las desigualdades sociales y promover la justicia social". *(Política social para una práctica eficaz: un enfoque de fortalezas, Rosemary Kennedy Chapin, 2014)*

67. posmodernismo

Definición:

El posmodernismo es un amplio movimiento intelectual que surgió a mediados del siglo XX, caracterizado por el escepticismo hacia las grandes narrativas e ideologías, un énfasis en el relativismo cultural y un enfoque en la deconstrucción de estructuras y conceptos establecidos.

Citas:

1. "El posmodernismo es incredulidad hacia las metanarrativas". *(La condición posmoderna: un informe sobre el conocimiento, Jean-François Lyotard, 1979)*

2. "El posmodernismo desafía las ideas de verdades universales, realidad objetiva y progreso lineal". *(Simulacros y Simulación, Jean Baudrillard, 1981)*

3. "El posmodernismo busca deconstruir las ideas tradicionales y revelar las dinámicas de poder y los supuestos culturales subyacentes". *(Posmodernismo o la lógica cultural del capitalismo tardío, Fredric Jameson, 1991)*

68. Prejuicio

Definición:

El prejuicio es una opinión o actitud preconcebida sobre un grupo o individuo, muchas veces basada en estereotipos, sin suficiente conocimiento o experiencia.

Citas:

1. "El prejuicio es un sentimiento, favorable o desfavorable, hacia una persona o cosa, anterior o no basado en una experiencia real". *(Introducción a la sociología, Emory S. Bogardus, 1922)*

2. "El prejuicio es una actitud negativa hacia toda una categoría de personas, a menudo una minoría étnica o racial". *(Sociología: una breve introducción, Richard T. Schaefer, 2011)*

3. "El prejuicio es una actitud injustificada o incorrecta (generalmente negativa) hacia un individuo basada únicamente en la pertenencia del individuo a un grupo social". *(Comprensión del prejuicio y la discriminación, Scott Plous, 2003)*

69. Problema social

Definición:

Un problema social es una cuestión que un número significativo de personas en una sociedad considera indeseable y necesita un cambio.

Citas:

1. "Existe un problema social cuando un grupo influyente define una condición social como una amenaza a sus valores y es capaz de convencer a un número considerable de personas de que es necesario remediarla". *(Problemas sociales, James M. Henslin, 2008)*

2. "Los problemas sociales se construyen socialmente, lo que significa que su reconocimiento y definición pueden variar entre diferentes sociedades y períodos de tiempo". *(La construcción social de la realidad, Peter L. Berger y Thomas Luckmann, 1966)*

3. "Abordar los problemas sociales requiere comprender sus causas fundamentales y la implementación de soluciones efectivas". *(Problemas sociales: continuidad y cambio, Steven E. Barkan, 2015)*

70. Racionalización

Definición:
La racionalización es el proceso mediante el cual los métodos y valores tradicionales son reemplazados por aquellos basados en la racionalidad y la eficiencia, a menudo asociado con el surgimiento de instituciones burocráticas modernas.

Citas:

1. "La racionalización se refiere al proceso mediante el cual modos de cálculo y organización precisos, que implican reglas y procedimientos abstractos, llegan a dominar cada vez más el mundo social". *(La ética*

protestante y el espíritu del capitalismo, Max Weber, 1905)

2. "La racionalización conduce al 'desencanto' del mundo, donde los elementos misteriosos y mágicos de la sociedad son reemplazados por otros lógicos y eficientes." *(Economía y Sociedad, Max Weber, 1922)*

3. "La esencia de la modernidad reside en una racionalización e intelectualización desprovistas de encanto y misterio". *(La ciencia como vocación, Max Weber, 1918)*

71. Reciprocidad

Definición:
La reciprocidad es una norma social que implica el intercambio mutuo de bienes, servicios o favores, donde un individuo responde a la acción de otro con una acción similar, creando un sistema de toma y daca.

Citas:

1. "La reciprocidad implica el intercambio de recursos, bienes y servicios entre personas de estatus relativamente igual". *(El don: forma y motivo del intercambio en las sociedades arcaicas, Marcel Mauss, 1925)*

2. "La reciprocidad es un principio clave en la interacción social que ayuda a generar confianza y mantener los vínculos sociales". *(La fuerza de los vínculos débiles: una revisión de la teoría de las redes, Mark Granovetter, 1973)*

3. "En muchas sociedades, la reciprocidad es la base de la cohesión social y el mantenimiento del orden social". *(Economía de la Edad de Piedra, Marshall Sahlins, 1972)*

72. Red social

Definición:

Una red social es una estructura formada por individuos u organizaciones que están conectados por uno o más tipos de interdependencias, como amistades, parentesco, intereses comunes o intercambio económico.

Citas:

1. "Las redes sociales son las relaciones que vinculan a los individuos entre sí". *(La fuerza de los lazos débiles, Mark Granovetter, 1973)*

2. "El estudio de las redes sociales implica mapear y analizar las conexiones sociales entre individuos y grupos". *(Redes, multitudes y mercados: razonamiento sobre un mundo altamente conectado, David Easley y Jon Kleinberg, 2010)*

3. "Las redes sociales desempeñan un papel crucial en la difusión de información y la influencia social". *(Análisis de redes sociales: métodos y aplicaciones, Stanley Wasserman y Katherine Faust, 1994)*

73. Reforma

Definición:

Reforma se refiere al proceso de realizar cambios en una institución, práctica o sistema para mejorarlo, a menudo mediante ajustes graduales e incrementales.

Citas:

1. "La reforma es la corrección de abusos o errores en un sistema existente sin una revisión completa". *(Reforma o Revolución, Rosa Luxemburgo, 1900)*

2. "La reforma social tiene como objetivo abordar cuestiones sociales y mejorar el bienestar de las personas dentro del marco de las instituciones existentes". *(La era de las reformas, Richard Hofstadter, 1955)*

3. "A menudo son necesarias reformas para adaptarse a las condiciones sociales cambiantes y garantizar la justicia y eficacia de las instituciones sociales". *(La política de la reforma social en los Estados Unidos, Samuel P. Hays, 1964)*

74. Religión

Definición:
La religión es un sistema de creencias, prácticas y valores éticos centrados en la adoración de un poder o deidad superior, que a menudo proporciona un marco moral y un sentido de comunidad para sus seguidores.

Citas:

1. "La religión es un sistema unificado de creencias y prácticas relativas a las cosas sagradas". *(Las formas elementales de la vida religiosa, Émile Durkheim, 1912)*

2. "La religión es el suspiro de la criatura oprimida, el corazón de un mundo sin corazón y el alma de condiciones sin alma". *(Crítica de la Filosofía del Derecho de Hegel, Karl Marx, 1843)*

3. "La religión sirve como fuente de cohesión social y proporciona significado y propósito a la vida". *(La Sociología de la Religión, Max Weber, 1922)*

75. Resocialización

Definición:
La resocialización es el proceso por el cual los individuos experimentan cambios significativos en su comportamiento, valores e identidad a medida que se adaptan a nuevos roles y entornos, lo que a menudo implica una ruptura con experiencias de socialización previas.

Citas:

1. "La resocialización implica la ruptura deliberada de identidades anteriores y la construcción de otras nuevas". *(Asilos: ensayos sobre la situación social de los pacientes mentales y otros reclusos, Erving Goffman, 1961)*

2. "El proceso de resocialización ocurre a menudo en instituciones totales donde los individuos están aislados de la sociedad en general". *(Resocialización: el proceso comunitario de cambio, Peter L. Berger, 1963)*

3. "La resocialización se puede ver en diversos entornos, incluidos el ejército, las prisiones y los cultos religiosos, donde se imponen nuevas normas y valores". *(Sociedad en acción: la teoría del devenir social, Piotr Sztompka, 1991)*

76. Role

Definición:

Un rol es un conjunto de expectativas, comportamientos y responsabilidades asociadas con una posición o estatus social particular dentro de un grupo o sociedad.

Citas:

1. "Los roles son los pilares de las instituciones sociales y el medio principal por el cual los individuos interactúan dentro de una estructura social". *(La presentación de uno mismo en la vida cotidiana, Erving Goffman, 1956)*

2. "El concepto de rol es central para la comprensión de la interacción social y la organización de la sociedad". *(Teoría de roles: conceptos e investigación, Bruce J. Biddle, 1966)*

3. "Los roles proporcionan el marco para la interacción social al definir el comportamiento esperado de los individuos en diferentes contextos". *(Teoría de roles: expectativas, identidades y comportamientos, Ralph Linton, 1945)*

77.Sanción

Definición:
Una sanción es una reacción de la sociedad, o de sus agentes, que hace cumplir las normas recompensando la conformidad o castigando las violaciones.

Citas:

1. "Las sanciones pueden ser conductas positivas y gratificantes que se ajustan a las normas, o conductas negativas y punitivas que se desvían de las normas". *(La división del trabajo en la sociedad, Émile Durkheim, 1893)*

2. "Las sanciones son los mecanismos mediante los cuales se mantiene el control social y se hacen cumplir las normas". *(Sociología: una breve introducción, Richard T. Schaefer, 2011)*

3. "Las sanciones sirven para reforzar el orden social al promover la adhesión a las normas y valores sociales". *(Desviación y control social, Alex Thio, 1978)*

78.Secularización

Definición:
La secularización es el proceso por el cual las instituciones, prácticas y creencias religiosas pierden su significado social e influencia dentro de la sociedad.

Citas:

1. "La secularización se refiere al declive de la autoridad religiosa y al surgimiento de modos de pensamiento racionales, científicos y burocráticos". *(El dosel sagrado: elementos de una teoría sociológica de la religión, Peter L. Berger, 1967)*

2. "El proceso de secularización implica la diferenciación de las esferas seculares de las instituciones y normas religiosas". *(Una teoría general de la secularización, David Martin, 1978)*

3. "La secularización se caracteriza por la disminución de la influencia de la religión en la vida pública y privada". *(La secularización de la mente europea en el siglo XIX, Owen Chadwick, 1975)*

79. Segregación

Definición:
La segregación es la separación de individuos o grupos basada en características como raza, etnia o clase social, lo que a menudo resulta en un acceso desigual a recursos y oportunidades.

Citas:

1. "La segregación perpetúa la desigualdad al mantener instalaciones separadas y desiguales para diferentes grupos". *(Las almas de los negros, WEB Du Bois, 1903)*

2. "La segregación residencial refleja y refuerza los patrones más amplios de desigualdad social". *(Apartheid estadounidense: la segregación y la formación*

de la clase baja, Douglas S. Massey y Nancy A. Denton, 1993)

3. "La segregación es a la vez causa y consecuencia de las divisiones y disparidades sociales". *(Raza y lugar: relaciones raciales en una ciudad estadounidense, Susan J. Smith, 1989)*

80. Ser

Definición:
El yo es la conciencia del individuo de su propia identidad y personalidad distintiva, moldeada a través de interacciones con los demás y su entorno.

Citas:

1. "El yo surge de la interacción social y es producto de la experiencia social". *(Mente, yo y sociedad, George Herbert Mead, 1934)*

2. "El yo es a la vez un sujeto que actúa y un objeto sobre el que se actúa". *(La presentación de uno mismo en la vida cotidiana, Erving Goffman, 1956)*

3. "El concepto de uno mismo es fundamental para comprender el comportamiento humano y la dinámica social". *(El yo social, George Herbert Mead, 1913)*

81. Sexualidad

Definición:

La sexualidad abarca las formas en que las personas se experimentan y se expresan como seres sexuales, incluida la orientación, preferencias y comportamientos sexuales.

Citas:

1. "La sexualidad no es sólo un hecho natural, sino un fenómeno socialmente construido". *(La Historia de la Sexualidad, Michel Foucault, 1976)*

2. "La sexualidad es fundamental para la experiencia humana y está determinada por normas culturales y sociales". *(Conducta sexual: las fuentes sociales de la sexualidad humana, John H. Gagnon y William Simon, 1973)*

3. "La sexualidad implica la interacción de factores biológicos, psicológicos y sociales". *(Sexualidad y teoría social, Jeffrey Weeks, 1986)*

82. Símbolo

Definición:
Un símbolo es algo que representa, representa o sugiere una idea, creencia, acción o entidad material, permitiendo la comunicación y el significado compartido.

Citas:

1. "Los símbolos son la base de la comunicación humana y proporcionan un medio para transmitir ideas y emociones". *(Símbolos y sociedad, Kenneth Burke, 1938)*

2. "El uso de símbolos es un aspecto fundamental de la vida cultural y social." *(La interpretación de las culturas, Clifford Geertz, 1973)*

3. "Los símbolos sirven como medio de integración social y representación colectiva". *(Las formas elementales de la vida religiosa, Émile Durkheim, 1912)*

83. Sistema

Definición:
Un sistema en sociología se refiere a un conjunto complejo de componentes interrelacionados que trabajan juntos para formar un todo coherente, a menudo utilizado para describir instituciones y estructuras sociales.

Citas:

1. "Un sistema es un conjunto organizado de elementos interrelacionados que trabajan juntos para lograr un objetivo común". *(Teoría general de sistemas: fundamentos, desarrollo, aplicaciones, Ludwig von Bertalanffy, 1968)*

2. "Los sistemas sociales están compuestos de estructuras y procesos que mantienen el orden y la estabilidad social". *(El sistema social, Talcott Parsons, 1951)*

3. "Comprender los sistemas sociales implica analizar las interacciones y relaciones entre sus componentes". *(Teoría de sistemas en acción: aplicaciones a la terapia individual, de pareja y familiar, Shelly Smith-Acuña, 2010)*

84. Sistema Mundial

Definición:
El sistema-mundo es una perspectiva sociológica que analiza el sistema económico y político global como una estructura compleja e interdependiente, centrándose en las relaciones entre las naciones centrales, semiperiféricas y periféricas.

Citas:

1. "El enfoque del sistema mundial enfatiza la interconexión de las economías globales y la distribución desigual de los recursos". *(El sistema mundial moderno, Immanuel Wallerstein, 1974)*

2. "Comprender la dinámica del sistema-mundo es crucial para analizar las desigualdades y el desarrollo globales". *(Análisis de los sistemas mundiales: una introducción, Immanuel Wallerstein, 2004)*

3. "La perspectiva del sistema mundial proporciona un marco integral para estudiar los procesos históricos y contemporáneos de globalización". *(Teoría de los sistemas mundiales, John W. Meyer, 1980)*

85. Soberanía

Definición:
La soberanía es la autoridad suprema dentro de un territorio, que posee el poder supremo sobre sus asuntos internos y externos, normalmente conferido a un órgano de gobierno o gobernante.

Citas:

1. "La soberanía es el poder absoluto y perpetuo de una comunidad." *(Sobre la soberanía: cuatro capítulos de los seis libros de la Commonwealth, Jean Bodin, 1576)*

2. "El concepto de soberanía es central para la organización del poder y la autoridad políticos". *(La política de la soberanía: espacios en disputa en la Europa contemporánea, William Walters, 2002)*

3. "La soberanía implica la autoridad para dictar leyes, hacerlas cumplir y gestionar las relaciones internacionales". *(Soberanía: hipocresía organizada, Stephen D. Krasner, 1999)*

86. Socialización

Definición:
La socialización es el proceso que dura toda la vida a través del cual los individuos adquieren los valores, normas y habilidades necesarias para funcionar como miembros de la sociedad.

Citas:

1. "La socialización es el proceso mediante el cual la sociedad enseña a los individuos sus normas y valores". *(Socialización y sociedad, Robert D. Hess y Judith V. Torney, 1967)*

2. "El proceso de socialización implica aprender los comportamientos y actitudes necesarios para participar en la vida social". *(Infancia y sociedad, Erik H. Erikson, 1950)*

3. "La socialización es un proceso fundamental que da forma a nuestra identidad y nuestro lugar en la sociedad". *(El proceso de socialización en el desarrollo infantil, Gerald Handel, 1970)*

87. Sociedad

Definición:
La sociedad es un grupo de individuos involucrados en una interacción social persistente, que comparten una cultura, un territorio geográfico y unas instituciones sociales comunes.

Citas:

1. "La sociedad es un sistema complejo de partes interdependientes que trabajan juntas para asegurar su supervivencia". *(La división del trabajo en la sociedad, Émile Durkheim, 1893)*

2. "La sociedad consiste en patrones organizados de relaciones e instituciones que en conjunto constituyen la vida social humana". *(La construcción social de la realidad, Peter L. Berger y Thomas Luckmann, 1966)*

3. "Comprender la sociedad implica examinar la interacción entre las acciones individuales y las estructuras sociales más amplias". *(La imaginación sociológica, C. Wright Mills, 1959)*

88. Solidaridad

Definición:

La solidaridad es la unidad y el apoyo mutuo dentro de un grupo o sociedad, a menudo basado en intereses, objetivos o valores compartidos.

Citas:

1. "La solidaridad es el sentimiento de unidad y apoyo mutuo que une a los miembros de un grupo o sociedad". *(La división del trabajo en la sociedad, Émile Durkheim, 1893)*

2. "La solidaridad social es esencial para la cohesión y la estabilidad de cualquier sociedad." *(Solidaridad: conceptos clave en las ciencias sociales, David Emile Durkheim, 1893)*

3. "La solidaridad se puede fomentar a través de experiencias compartidas y objetivos comunes". *(El sistema social, Talcott Parsons, 1951)*

89. Subcultura

Definición:
Una subcultura es un grupo dentro de una cultura más grande que se diferencia a través de distintos valores, normas y prácticas.

Citas:

1. "Las subculturas son grupos que tienen valores, creencias y comportamientos distintos que los diferencian de la cultura dominante". *(Subcultura: El significado del estilo, Dick Hebdige, 1979)*

2. "El estudio de las subculturas ayuda a comprender la diversidad y complejidad dentro de una sociedad". *(Subculturas: historias culturales y prácticas sociales, Ken Gelder, 2007)*

3. "Las subculturas suelen surgir como respuesta a la cultura dominante y proporcionan un sentido de identidad y pertenencia". *(El lector de subculturas, Ken Gelder y Sarah Thornton, 1997)*

90. Teoría

Definición:
En sociología, una teoría es un conjunto de ideas y proposiciones interconectadas que explican los fenómenos sociales y guían la investigación y la comprensión.

Citas:

1. "Las teorías proporcionan los marcos para comprender las complejas realidades de la vida social". *(La imaginación sociológica, C. Wright Mills, 1959)*

2. "Una buena teoría ofrece explicaciones que son comprobables, falsificables y aplicables a diversos contextos". *(Teoría y sociedad, Talcott Parsons, 1951)*

3. "El desarrollo de la teoría es esencial para avanzar en el conocimiento y abordar los problemas sociales". *(La estructura de la teoría social, Anthony Giddens, 1984)*

91. Teoría social

Definición:
La teoría social es un marco de conceptos y proposiciones que busca explicar el mundo social, incluidos los patrones de comportamiento, las relaciones y las estructuras sociales.

Citas:

1. "La teoría social proporciona las herramientas para comprender y explicar las complejidades de la vida social". *(La estructura de la teoría social, Anthony Giddens, 1984)*

2. "El propósito de la teoría social es descubrir los mecanismos subyacentes que dan forma a los fenómenos sociales". *(La imaginación sociológica, C. Wright Mills, 1959)*

3. "La teoría social es esencial para analizar críticamente el mundo social e informar el cambio social". *(Teoría crítica: ensayos seleccionados, Max Horkheimer, 1972)*

92. Tolerancia

Definición:
La tolerancia es la aceptación y el respeto por las diferencias, particularmente en lo que respecta a creencias, prácticas e identidades que difieren de la propia.

Citas:

1. "La tolerancia es la virtud que hace posible la paz aceptando la diversidad y el disenso". *(Sobre la libertad, John Stuart Mill, 1859)*

2. "La práctica de la tolerancia es esencial para mantener la armonía social y reducir los conflictos". *(El choque de civilizaciones y la reconstrucción del orden mundial, Samuel P. Huntington, 1996)*

3. "La tolerancia implica reconocer y respetar los derechos de los demás a vivir según sus propios valores y creencias". *(La sociedad tolerante, Lee C. Bollinger, 1986)*

93. Trabajar

Definición:
El trabajo se refiere a las actividades y tareas realizadas por individuos para producir bienes o prestar servicios, a menudo a cambio de salarios u otras formas de compensación.

Citas:

1. "El trabajo es fundamental para la organización de la vida social y la distribución de los recursos". *(La organización social del trabajo, Randy Hodson y Teresa A. Sullivan, 2012)*

2. "La naturaleza del trabajo está determinada por factores económicos, tecnológicos y sociales". *(En trabajo: la gente habla de lo que hace todo el día y cómo se siente con respecto a lo que hace, Studs Terkel, 1974)*

3. "Comprender el papel del trabajo en la sociedad implica examinar su impacto en la identidad, el estatus y el bienestar". *(La sociología del trabajo: continuidad y cambio en el trabajo remunerado y no remunerado, Stephen Edgell, 2012)*

94. Tradición

Definición:
La tradición se refiere a las costumbres, creencias y prácticas transmitidas de una generación a otra, dando forma a la continuidad cultural y la estabilidad social.

Citas:

1. "La tradición es la fe viva de los muertos, mientras que el tradicionalismo es la fe muerta de los vivos". *(Los Profetas, Abraham Joshua Heschel, 1962)*

2. "Las tradiciones proporcionan un sentido de identidad y continuidad, vinculando el pasado con el presente". *(Tradición y Modernidad, Edward Shils, 1981)*

3. "El papel de la tradición es crucial para mantener la cohesión social y el patrimonio cultural". *(La invención de la tradición, Eric Hobsbawm y Terence Ranger, 1983)*

95. Urbanización

Definición:
La urbanización es el proceso por el cual las poblaciones se trasladan de las zonas rurales a las urbanas, lo que conduce al crecimiento y desarrollo de ciudades y pueblos.

Citas:

1. "La urbanización es un fenómeno central de la sociedad moderna, que transforma el paisaje social y físico". *(La Revolución Urbana, Henri Lefebvre, 1970)*

2. "El crecimiento de las ciudades y el proceso de urbanización tienen profundas implicaciones sociales, económicas y ambientales". *(Sociología urbana, capitalismo y modernidad, Michael Savage y Alan Warde, 1993)*

3. "La urbanización implica no sólo el movimiento de personas sino también cambios en los estilos de vida, las instituciones y las relaciones sociales". *(Ciudades en una economía mundial, Saskia Sassen, 2012)*

96. Valor

Definición:
En sociología, un valor es una creencia o estándar que un grupo social considera importante y que guía el comportamiento y la toma de decisiones.

Citas:

1. "Los valores son principios profundamente arraigados que guían las acciones y juicios de los individuos". *(La naturaleza de los valores humanos, Milton Rokeach, 1973)*

2. "El estudio de los valores ayuda a comprender las motivaciones detrás de los comportamientos sociales y las prácticas culturales". *(Valores y cambio social en Gran Bretaña, David Rose, 2001)*

3. "Los valores desempeñan un papel crucial en la configuración de las normas sociales y el mantenimiento del orden social". *(Las orientaciones de valores de diferentes culturas, Shalom H. Schwartz, 1992)*

97. Variable

Definición:
Una variable es cualquier característica o propiedad que puede variar o cambiar en diferentes contextos, a menudo utilizada en investigaciones para medir y analizar fenómenos sociales.

Citas:

1. "Las variables son herramientas esenciales para medir y comprender los fenómenos sociales". *(Métodos de investigación social, Alan Bryman, 2012)*

2. "Identificar y definir variables es un paso crítico en el proceso de investigación". *(La práctica de la investigación social, Earl Babbie, 2016)*

3. "La relación entre variables puede revelar patrones y mecanismos causales en la vida social". *(Métodos de investigación para el trabajo social, Allen Rubin y Earl Babbie, 2011)*

98. Verstehen

Definición:
Verstehen es un término alemán que significa "comprensión" utilizado en sociología para referirse al enfoque interpretativo y empático para comprender el comportamiento humano desde la perspectiva de quienes participan en él.

Citas:

1. "Verstehen implica comprender la acción social interpretando los significados subjetivos que los individuos atribuyen a sus acciones". *(Economía y Sociedad, Max Weber, 1922)*

2. "El concepto de Verstehen es fundamental para el enfoque interpretativo en sociología". *(La teoría de la organización social y económica, Max Weber, 1947)*

3. "Verstehen requiere un compromiso profundo y empático con las perspectivas y contextos de los actores sociales". *(Ciencias sociales interpretativas: un lector, Paul Rabinow y William M. Sullivan, 1979)*

99. Vigilancia

Definición:
La vigilancia es el seguimiento del comportamiento, las actividades o la información con el fin de influir, gestionar o proteger a los individuos y las sociedades.

Citas:

1. "La vigilancia implica la recopilación y análisis de información para ejercer control e influencia sobre individuos y grupos". *(Disciplinar y castigar: el nacimiento de la prisión, Michel Foucault, 1975)*

2. "El auge de las tecnologías de vigilancia ha transformado la forma en que se monitorea y regula a los individuos". *(Estudios de vigilancia: una descripción general, David Lyon, 2007)*

3. "Las prácticas de vigilancia pueden proteger y oprimir, dependiendo de cómo se implementen y por quién". *(El tipo panóptico: una economía política de la información personal, Oscar H. Gandy Jr., 1993)*

100. Violencia

Definición:
La violencia es el uso de fuerza o poder físico para dañar, dañar o violar los derechos de individuos o grupos, lo que a menudo resulta en lesiones, muerte o trauma psicológico.

Citas:

1. "La violencia es la forma más extrema de poder, utilizada para imponer la voluntad de uno a los demás mediante la fuerza". *(Sobre la violencia, Hannah Arendt, 1969)*

2. "Comprender las causas y consecuencias de la violencia es crucial para desarrollar estrategias efectivas de prevención e intervención". *(Violencia: una teoría microsociológica, Randall Collins, 2008)*

3. "La violencia puede adoptar muchas formas, incluidas las físicas, psicológicas y estructurales". *(Violencia y órdenes sociales, Douglass C. North, John Joseph Wallis y Barry R. Weingast, 2009)*

FIN

* 9 7 9 8 3 2 7 0 6 0 7 9 1 *